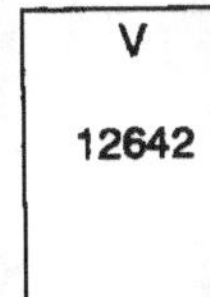

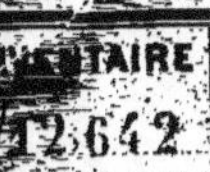

PUBLIÉ PAR ORDRE DU ROI

SOUS LES AUSPICES DE M. LE VICE-AMIRAL BARON DE MACKAU

MINISTRE DE LA MARINE

SOUS LA DIRECTION

DE M. THÉOPHILE LEFEBVRE

PRÉSIDENT DE LA COMMISSION

VINGT-SEPTIÈME LIVRAISON.

ZOOLOGIE. — Poissons, pl. 6 et 8.
BOTANIQUE. — Pl. 60, 61, 63 et 65.

EN VENTE. *Texte*, liv. 1 à 8.

BANQUE DE FRANCE.

ASSEMBLÉE GÉNÉRALE
DES ACTIONNAIRES
DE LA BANQUE DE FRANCE,
DU 28 JANVIER M. DCCCXIX. (1819)

COMPTE RENDU, *au nom du Conseil général de la Banque, par M*. *LAFFITTE, Gouverneur provisoire, Chevalier de la Légion-d'Honneur;*

ET

RAPPORT de MM. les CENSEURS.*

BANQUE DE FRANCE.

ASSEMBLÉE GÉNÉRALE

DES ACTIONNAIRES DE LA BANQUE DE FRANCE,

DU 28 JANVIER 1819.

COMPTE RENDU, *au nom du Conseil général de la Banque, par M*. LAFFITTE, *Gouverneur provisoire, Chevalier de la Légion-d'Honneur.*

MESSIEURS,

Vous êtes réunis en Assemblée générale pour entendre le compte annuel des opérations de la Banque de France, que je vais avoir l'honneur de vous soumettre au nom du Conseil général. Lorsque je me serai acquitté de ce devoir, vous aurez à procéder au renouvellement des membres sortant de l'Administration.

Un Censeur et trois Régents sont parvenus au terme légal de leur exercice. M. Martin de Puech, Censeur, a donné sa démission, et vous savez que nous avons eu le malheur de perdre M. Goupy, appelé par vous à la Régence, il y a quatre années. Vous aurez donc, cette fois, à donner vos suffrages à deux Censeurs et à quatre Régents. La composition actuelle du Conseil n'apporte aucune restriction à votre choix pour les Régents qui restent à élire ; mais les Censeurs ne peuvent être choisis que parmi les banquiers, négociants ou manufacturiers, aux termes de la loi.

Le Censeur que vous nommerez en remplacement de M. le Baron Robillard, aura l'exercice complet de trois années ;

Celui qui succédera à M. Martin de Puech, n'aura que deux années de service pour achever l'exercice triennal de son prédécesseur ;

Trois Régents seront élus pour cinq années en remplacement de MM. Guiton, Jacques Lefebvre et Scipion Périer ;

Le quatrième Régent sera de service pendant un an seulement, afin de compléter l'exercice de M. Goupy, qui finissoit avec l'année.

Je n'ai pas besoin de vous rappeler, Messieurs, que le droit de réélection a été justement reconnu par la loi. Vous en avez usé avec une telle sagesse, que les avantages que la Banque devoit en recueillir, selon la pensée du Législateur, se trouvent heureusement confirmés depuis long-temps par l'expérience. Un grand établissement de crédit ne produiroit pas en effet tout le bien qu'on peut en espérer, si des mutations trop fréquentes, parmi ses administrateurs, venoient à détruire l'unité de vues ou contrarier l'esprit d'ensemble qui sont aussi des éléments précieux de la confiance publique.

Avant de mettre sous vos yeux l'extrait du compte de *Profits et Pertes* pour chacun des deux semestres de l'année 1818, j'indiquerai sommairement, Messieurs, la nature et l'importance des opérations qui ont produit les résultats qui s'y trouvent établis.

OPÉRATIONS

OPÉRATIONS DE LA BANQUE.

Les opérations d'une banque sont toutes dans l'intérêt public. Elle acquitte le prix de la concession de son privilége par son utilité. Ses succès sont l'indicateur de la prospérité du commerce, ou du développement de l'industrie; et ses bénéfices, d'après les règles de son institution, ne sont que la juste mesure de l'étendue de ses services.

Vous aurez à remarquer, Messieurs, la prodigieuse augmentation de la circulation de la Banque de France pendant l'année qui vient de finir, comparée au mouvement des années qui ont précédé. Cette circulation se développera encore à mesure que les plaies de la France seront cicatrisées et que nos sages institutions, en se consolidant tous les jours davantage, donneront à l'industrie et au crédit public la stabilité et la force qui en sont nécessairement les conséquences.

La principale opération de la Banque, la plus utile, celle dont les résultats sont d'un immense avantage et pour les Actionnaires et pour l'État, ce sont les escomptes. Le taux en est resté invariablement fixé à 5 pour cent. Quoique les produits en soient assez élevés, et que le Commerce et le Trésor en aient profité avec vous par la différence du prix de l'intérêt comparé au revenu des placements des capitaux, cependant ces produits seront encore plus considérables pour le Commerce, pour l'État et pour vous-mêmes, lorsque, d'après les véritables principes de son institution, vers lesquels vous cherchez depuis si long-temps à vous rapprocher, vous aurez obtenu que le capital de la Banque soit réduit à la quotité proportionnelle de sa circulation, et que les escomptes auxquels elle pourra se livrer, comme les avances qu'elle pourra offrir, ne s'opèrent plus que par l'émission naturelle et féconde de ses billets.

Escomptes.

Pendant le premier semestre, la somme des effets escomptés s'est élevée à . . . . 3oo,817,496 f. 27 c.,
et, pendant le second semestre, à . . . 426,071,282 25

ensemble 726,888,778 52

qui ont produit 2,5o6,13o f. 69 c. pour les six premiers mois ;
2,857,625   90   pour les six derniers mois,

et . . . . . f. 5,363,756 59 pour l'année, qui figurent

au *compte de Profits et Pertes.*

Ce bénéfice a éprouvé une légère augmentation par l'escompte des Bons de la Monnaie, et par les avances faites et renouvelées sur les dépôts de lingots.

Bons de la Monnaie.—Dépôts de lingots.

Il a été avancé ainsi, en 1818, un capital de 26 millions 446 mille 563 francs 35 centimes sur des *Bons de la Monnaie*, qui a produit 19 mille 925 fr. 56 c.; et sur les *Dépôts de lingots*, une somme de 2 millions 475 mille 3o7 fr. 5o c., dont le produit a été de 5 mille 4o5 fr. 74 c. seulement.

Le cercle habituel des opérations de la Banque s'est agrandi par le service du paiement des rentes, et par les besoins qu'a nécessairement créés l'élévation rapide de la Dette publique. Le Conseil général ne s'est refusé à aucune opération favorable au crédit de l'Etat ; il n'a refusé aucune opération qui fût utile au commerce. La limite de la loi et de ses moyens a été, seule, la limite de son dévouement.

Emprunt de 14,6oo,ooo fr. de Rentes.

L'emprunt de 14,6oo,ooo francs, réservé aux Français, étoit, vous le savez, payable de mois en mois, à partir du 6 Juin dernier, contre des *Certificats de paiement* délivrés par le Trésor Royal. Le Conseil général voulut seconder autant qu'il dépendoit de lui une opération qui a fourni au Gouvernement une preuve sensible de la confiance et du patriotisme des Français. Il ouvrit en conséquence, le 4 Juin, un crédit de 30 millions, pour faciliter les versements à opérer au Trésor en Juillet, Août et Septembre. Les avances furent d'abord consenties pour trois mois sur le dépôt des titres; plus tard, le délai de remboursement fut prorogé, et l'on obtint la faculté de se libérer par tiers aux époques des 10 Octobre, 10 Novembre et 10 Décembre suivants.

Un autre crédit de 40 millions, ouvert le 20 Août, applicable au paiement du mois de Septembre, donna de nouvelles facilités aux premiers souscripteurs.

Enfin, le 17 Septembre, on admit indistinctement tous les souscripteurs de l'emprunt à profiter d'une dernière avance pour les paiements d'Octobre, Novembre et Décembre, jusqu'à la concurrence de 30 millions, et remboursable également par tiers les 10 Janvier, 10 Février et 10 Mars de la présente année.

Indépendamment donc des escomptes ordinaires en effets de commerce, en bons de la monnaie et des avances sur lingots, la Banque s'est prêtée à une avance successive et prolongée de l'importance de 100 millions, toute au profit du crédit de l'Etat, et au même taux que l'escompte habituel des lettres de change. L'importance de ces avances ne s'est point élevée à la fois au-delà de trente millions, par la combinaison des échéances; elles n'ont, à aucune époque, opéré aucune réduction sur les escomptes abondants qui ont été offerts au Commerce. Les intérêts de ces avances s'élèvent à la somme de 417,755 fr. 78 cent., que vous verrez portée au *compte de Profits et Pertes* du second semestre.

Service des Rentes.

Vous verrez aussi, Messieurs, figurer dans chacun des premier et second semestres, la part qui leur est afférente dans le bénéfice résultant du paiement de la Dette publique et du fonds d'amortissement. La Rente que la Banque ne s'étoit obligée à payer, d'après les traités, que dans l'intervalle de 36 jours, a été payée, à chaque semestre, dans l'espace de 20 jours, à compter du 22 Mars et du 22 Septembre. Le fonds d'amortissement a été régulièrement fourni par la Banque, à raison d'un trois cent soixante-cinquième par jour, ainsi qu'elle en avoit contracté l'obligation. Le Conseil général, en se chargeant de la mission honorable du paiement de l'amortissement et de la dette publique, n'a point cherché à ouvrir par-là une nouvelle source de bénéfices pour les actionnaires. Celui qu'il vous a indiqué par cette cause n'est que la compensation des commissions accordées pour le recouvrement des délégations délivrées par le Trésor, du port des espèces provenant des points de la France les plus difficiles et les plus éloignés, de l'abandon des intérêts qui lui étoient légitimement dûs pour ses avances, et enfin, des frais extraordinaires qu'une aussi grande opération a dû nécessairement occasionner. L'expérience nous a appris qu'il étoit possible de la traiter avec plus d'économie, et l'offre qu'en a faite le Conseil a été déjà acceptée par le Ministre des Finances. Cette économie tournera au profit du Trésor, sans que vos intérêts aient à en souffrir ; car, selon toutes les apparences, les ressources de l'avenir vous dédommageront des sacrifices qui vous ont été imposés par le passé.

Telles sont, Messieurs, les opérations dont le résultat compose, avec le produit des placements d'une partie des capitaux de la Banque, le crédit du *compte de Profits et Pertes.*

Comptes Courants.

Il est d'autres opérations sans résultat pour vous, mais dont le Commerce sait apprécier les avantages. Je veux parler de la faculté des versements des effets en compte courant. La Banque a recouvré à ce titre, l'année dernière, 312,026 effets s'élevant à la somme de 542,088,638 fr. 18 cent. Le bénéfice modique qu'elle pourroit retirer, dans les circonstances ordinaires, d'une partie des fonds qui restent ainsi momentanément dans les comptes courants, se trouve de nul effet par le doublement désastreux de son capital, ordonné par la loi du 22 Avril 1806.

Les escomptes et les comptes courants ont donné lieu à un mouvement de fonds qui peut servir à se former une idée de l'importance des services qui sont rendus par la Banque.

Dans le courant de l'année 1818, l'entrée des billets s'est élevée à la somme de 4,554,421,500 francs, et leur sortie à 4,468,401,500 francs.

L'entrée en espèces s'est élevée à 303,443,226 fr., et leur sortie à 328,763,840 francs.

Ainsi, 9,655,030,066 fr. sont entrés ou sortis de la Banque dans une seule année. Ce mouvement, qui occasionne nécessairement des frais et qui expose à des pertes par les erreurs qui peuvent être commises, est une charge véritable pour la Banque. Il démontre l'importance des économies qu'elle procure gratuitement et au Commerce et à l'Etat.

MM. les Censeurs ont fait la vérification de toutes les parties qui constituent les recettes et les dépenses. Les états déposés sur le bureau expliquent et justifient la nature et l'importance de chaque article, dont je vais avoir l'honneur de vous présenter le résumé.

RÉSULTAT

RÉSULTAT des Opérations de la Banque de France pendant le premier semestre 1818.
(37.ᵐᵉ. DIVIDENDE.)

PREMIER SEMESTRE DE L'AN 1818.

Extrait du Compte de Profits et Pertes , au 24 Juin même année.

DOIT.

Art. 1ᵉʳ. HONORAIRES, appointements, indemnités, droits de présence , frais de bureaux , ports de lettres , éclairage , chauffage , imprimerie , garde extérieure , pompiers , contributions , entretien des bâtiments, secours aux établissements de bienfaisance , dépréciation du mobilier , passes de sacs , menus frais, *etc.* . . . . . . 405,874.11.

Art. 2. ESCOMPTE des effets existant en porte-feuille, non acquis ce jour, et réservé pour le semestre prochain :
Sur 91,753,370 fr.
58 cent. sur Paris, escomptés à Paris, 609,633.15.
Sur 11,615,677 fr. 12 cen. sur Paris , remis par les correspondants . . . 53,058.25.
——————— 662,691.40.

1,068,565.51.

Solde en bénéfices. . . . . . . 4,706,024.60.

5,774,590.11.

AVOIR.

Art. 1ᵉʳ. ESCOMPTE des effets existant en porte-feuille le 24 Décembre dernier , non acquis au semestre précédent , et réservé pour le présent semestre; *savoir :*
1º. sur 60,166,930 fr. 51 c. sur Paris, escomptés à Paris. . . . . . . 257,020.27.
2º. sur 14,196,316 f. 89 c. sur Paris, remis par les Correspondants . . 65,933.83.
——————— 322,954.10.

Art. 2. INTÉRÊTS non échus le 24 Décembre dernier et réservés pour ce semestre , de sept jours, sur 13,333,333 f. 34 cen. qui , alors, restoient dus , pour dernier tiers du prêt de 40 millions à la Caisse de service du Trésor Royal. 12,785.38.

Art. 3. ESCOMPTE pendant le présent semestre , *savoir :*
1º. sur 247,777,863 fr. 60 c. d'effets sur Paris, escomptés au commerce de Paris et au Trésor. . . . . . . .2,211,522.55.
2º. sur 53,039,622 f. 67 c. d'effets sur Paris , remis par les correspondᵗˢ. . 294,608.14.
——————— 2,506,130.69.

Art. 4. SIX MOIS d'arrérages des 2,000,000 f. de Rentes, cinq pour cent consolidés, échus le 22 Mars dernier . . . . 1,000,000 ».

Art. 5. RECETTES DIVERSES, se composant :
1º. du dividende acquis à 22,100 actions appartenant à la Banque, faisant, à raison de 44 fr. 75 c. par action, ... 988,975 ».
2º. de loyers de maisons , avances sur dépôts de matières d'or et d'argent , *etc.* . . . . 39,278.42.
——————— 1,028,253.42.

Art. 6. BÉNÉFICE résultant de la vente du Terrein rue Lepelletier . . . . 17,900.45.

Art. 7. COMMISSION de demi pour cent seulement , les fonds étant faits à Paris par le Trésor, sur 1,147,963 fr. 29 c., suite du service des Rentes, 2ᵉ. Semestre 1817 , jusqu'au 30 Avril dernier . . . . 5,739.80.

Art. 8. INTÉRÊTS des avances de la Banque et indemnités résultants du service des Rentes perpétuelles et du fonds d'Amortissement, pour le premier Semestre de 1818 . . . . 880,826.27.

5,774,590.11.

Dividende légal sur 90,000 actions à . . . . 30 f.   2,700,000. ».
2ᵐᵉ. Dividende à 14   80 c.   1,332,000. ».
Réserve à 7   40   666,000. ».

Dividende et réserve . . . . 4,698,000. ».
Appoint des bénéfices, porté au crédit du compte de profits et pertes . . . . 8,024. 60.

Total égal aux bénéfices . . . . 4,706,024. 60.

RÉSULTAT des Opérations de la Banque de France, pendant le second semestre 1818.
(38ᵐᵉ. DIVIDENDE.)

SECOND SEMESTRE DE L'AN 1818.

Extrait du Compte de Profits et Pertes, au 24 Décembre même année.

DOIT.

Art. 1ᵉʳ. HONORAIRES, appointements, indemnités, droits de présence, frais de bureaux, ports de lettres, éclairage, chauffage, imprimerie, garde extérieure, pompiers, contributions, entretien des bâtiments, secours aux établissements de bienfaisance, dépréciation du mobilier, passes de sacs, menus frais, etc...... *f. c.* 453,419.85.

Art. 2. ESCOMPTE des Effets existant en porte-feuille, non acquis ce jour, et réservé pour le semestre prochain :

Sur 114,775,791 fr. 37 cent. sur Paris, escomptés à Paris, *f. c.* 481,147.75.

Sur 3,862,125 fr. 23 cent. sur Paris, remis par les correspondants ... 7,838.70.
——————
488,986.45.

Art. 3. INTÉRÊTS non échus des 10 millions avancés au Trésor Royal, et réservés pour le Semest. prochain. 59,722.20.
——————
548,708.65.

1,002,128.50.

Solde en bénéfices ...... 6,131,223.62.
——————
7,133,352.12.

AVOIR.

Art. 1ᵉʳ. ESCOMPTE des effets existant en portefeuille le 24 Juin dernier, non acquis au semestre précédent, et réservé pour le présent semestre; *savoir :*

1º. sur 91,753,370 fr. 58 c. sur Paris, escomptés à Paris....... *f. c.* 609,633.15.

2º. sur 11,615,677 f. 12 c. sur Paris, remis par les correspondants... 53,058.25.
——————
f. c. 662,691.40.

Art. 2. ESCOMPTE pendant le présent semestre, *savoir :*

1º. sur 368,221,178 fr. 19 c. d'effets sur Paris, escomptés au commerce de Paris et au Trésor....... 2,636,694.23.

2º. sur 57,850,104 fr. 06 c. d'Effets sur Paris, remis par les correspondants .... 220,931.67.
——————
2,857,625.90.

Art. 3. SIX mois d'arrérages de 2,000,000 de rentes, cinq pour cent consolidés, échus le 22 Septembre dernier. .... 1,000,000. ».

Art. 4. RECETTES DIVERSES, se composant :

1º. du dividende acquis à 22,100 actions appartenant à la Banque, à raison de 55 f. par action. .... 1,215,500 ».

2º. Loyers de maisons, avances sur dépôts de matières d'or et d'argent, *etc.* .... 68,862.02.
——————
1,284,362.02.

Art. 5. COMMISSION de demi pour cent seulement, les fonds étant faits à Paris par le Trésor, sur 1,981,156 f. 41 c., suite du service des Rentes, 2ᵉ. Semestre 1817 .... 9,905.80.

Art. 6. INTÉRÊTS des avances de la Banque et indemnités résultants du service des Rentes perpétuelles et du fonds d'Amortissement, pour le 2ᵉ. Semestre de 1818. .... 814,900.12.

Art. 7. INTÉRÊTS de dix millions avancés au Trésor Royal. .... 86,111.10.

Art. 8. INTÉRÊTS, jusqu'au 24 courant, des avances faites aux porteurs de Certificats d'emprunt sur 14,600,000 fr. de rentes ...... 417,755.78.
——————
7,133,352.12.

Dividende légal sur 90,000 actions à .... 30 f. 2,700,000. ».
2ᵐᵉ. Dividende à .... 25 2,250,000. ».
Réserve à .... 12 50 c. 1,125,000. ».
——————
Dividende et réserve .... 6,075,000. ».
App. des bénéfices, porté au crédit du compte des frais de fabrication des Billets ..... 56,223. 62.
——————
Total égal aux bénéfices .... 6,131,223. 62.

En réunissant, Messieurs, les deux comptes établis par le Conseil général, vous trouverez que les bénéfices de la Banque se sont élevés, pendant l'année 1818, savoir :

à   4,706,024 fr. 60 c. pour le premier semestre ;
à   6,131,223   62   pour le second semestre ;

Ensemble, 10,837,248 fr. 22 c. déduction faite de tous les frais et de toutes les charges.

Aux termes de la loi du 22 Avril 1806, ces bénéfices ont dû être divisés de la manière suivante :

1°. En une double répartition de 44 francs 80 cent., pour le premier semestre, et de 55 francs pour le second ;

2°. En une réserve de 7 francs 40 cent., opérée sur le premier semestre, et de 12 francs 50 cent., opérée sur le second ;

3°. Par l'application de 56,223 francs 62 cent. d'excédant, sur le second semestre, faite au crédit du compte des frais de la fabrication des billets.

En dernière analyse, les Actionnaires auront reçu, dans l'année 1818, un dividende de 99 francs 80 cent., faisant 8 un tiers pour cent, l'Action calculée à 1,200 fr., et le capital de la Banque se trouvera augmenté encore de 1,791,000 fr. par la réunion à l'ancienne réserve des deux retenues nouvelles opérées à chacun des semestres que nous venons de régler.

On ne sauroit se dissimuler que cette augmentation graduelle du capital de la Banque ne soit une précaution tout-à-fait inutile pour son crédit, dans la situation prospère où elle est parvenue. La sévérité de la loi qui l'ordonne et qui défend en même temps de répartir l'ancienne réserve de 18 millions, n'a d'autre effet que de priver la circulation d'une masse assez importante de capitaux qui pourroient la vivifier, et qui s'agglomèrent inutilement dans les caisses de la Banque. L'intérêt public se trouve ici trop évidemment d'accord avec l'intérêt privé des Actionnaires, pour ne pas espérer que le Conseil général n'obtienne, avant votre prochaine réunion, la réformation que vous n'avez cessé d'appeler par vos vœux, et qu'il n'a cessé de solliciter en votre nom.

De toutes les dispositions de la loi du 22 Avril 1806, celle sur laquelle il est le plus urgent de revenir, c'est le doublement du capital qui fut si intempestivement commandé. Vous en avez reconnu tous les abus dans votre assemblée extraordinaire du 15 Novembre 1814.

La juste proportion, disiez-vous, entre le capital d'une banque d'escompte et la somme présumée de la circulation de ses billets, voilà le problême simple qu'il s'agit de résoudre. Lorsque le capital est trop foible, les opérations sont naturellement restreintes, et le public ne recueille pas de l'institution toute l'utilité qu'il pouvoit en espérer. Lorsqu'au contraire le capital se trouve trop élevé, les propriétaires de l'établissement souffrent dans leurs intérêts par l'oisiveté improductive de leurs capitaux; ou le crédit de l'établissement peut se trouver compromis par la nature des placements auxquels on est forcé de recourir. L'excès des moyens ne présente donc pas moins d'inconvénients que leur insuffisance. Vous en avez fourni la preuve par une longue et coûteuse expérience. Le Commerce et l'Etat ont également éprouvé que les ressources qui leur étoient offertes par la Banque, étoient en raison inverse de l'exubérance de son capital.

Aussi, Messieurs, aviez-vous sagement pensé qu'un capital effectif et constamment disponible de 60 millions, seroit suffisant pour toutes les opérations dont la Banque pourroit être chargée. Vous pensiez avec raison que les billets d'une banque de circulation et de crédit étoient seuls les instruments de ses escomptes, et que son capital ne pouvoit avoir d'autre objet que d'intervenir, au besoin, au remboursement de ses billets. Si ces principes ne sont point contestés, s'il est vrai que le capital d'une banque ne soit qu'un cautionnement contre les avaries de son porte-feuille et contre les erreurs de l'administration, la base que vous aviez posée étoit assez solide pour déterminer et pour fixer invariablement la confiance publique.

Placement des Capitaux.

En effet, Messieurs, un capital de 60 millions suppose et permet une circulation de 200 à 250 millions de billets. L'expérience ne nous fera pas accuser de ne point prendre assez de latitude ; mais quelques espérances que l'on fonde sur l'avenir, on restera convaincu, si l'on ne s'abandonne pas à des illusions, qu'avec de pareils moyens la Banque pourra facilement accomplir toutes ses destinées.

Je vous ai annoncé, Messieurs, à votre dernière Assemblée, que les anciens placements des capitaux touchoient à leur échéance. Ils sont tous réalisés en argent dans les coffres de la Banque. Vous n'avez pas oublié que vous devez le remboursement intégral de celui de 40 millions à la justice et à la bienveillance éclairée d'un Ministre que le Monarque vient de rappeler au département des finances. M. le Baron Louis acquerra, nous n'en doutons point, de nouveaux droits à votre reconnoissance et à la reconnoissance du Commerce, en apportant prochainement aux deux Chambres un projet de loi qui réalise nos espérances.

Rentes et Actions.

Vous remarquerez encore, Messieurs, dans les comptes qui vous sont soumis, que la Banque possède toujours les 22,100 actions et les 2 millions de rentes qu'elle fut obligée d'acquérir pour parvenir à composer un dividende. La nécessité commanda cette double opération, consentie ou provoquée par l'autorité elle-même. La loi du 22 Avril attaqua dans son essence le principe constitutif de toute banque d'escompte. Elever le capital à la somme de la circulation probable des billets, c'est rendre nulles la condition et l'utilité du privilége, c'est priver l'Etat du bénéfice résultant du capital créé par le crédit, c'est priver les actionnaires de la source principale de leurs bénéfices. Forcée par la loi de faire une répartition annuelle de 5 pour cent sur la totalité du capital, tandis que la majeure partie de ce capital restoit improductive dans les caisses, et que l'autre partie étoit employée en placements à un taux moins élevé que celui des intérêts qu'il falloit répartir, la Banque se trouvoit dans la position bizarre de répartir cumulativement la foible quotité de ses bénéfices avec une portion de son capital, et condamnée ainsi légalement à la plus déplorable des liquidations. Nous avons lutté, Messieurs, sans de trop grands désavantages, contre un pareil ordre de choses. Vos bénéfices jusqu'ici avoient été très-modiques, il est vrai; mais l'intégralité de vos capitaux a été sauvée, et la valeur des actions s'est accrue de la totalité des réserves que vous avez supportées. En calculant leur valeur intégrale d'après le prix d'achat des rentes et des actions, elle se trouve bien supérieure à la somme de 1,200 francs qui fut déterminée lors de l'appel de fonds opéré à l'époque du double-ment des 45 mille actions : elle seroit bien plus élevée encore, si on la calculoit d'après le cours vénal des 2 millions de rentes, et des 22,100 actions.

Comptoirs d'escompte.

Nous n'aurons plus, Messieurs, à vous entretenir de l'existence onéreuse des trois Comptoirs d'escompte. Leur liquidation est depuis long-temps achevée : l'immeuble acquis pour le Comptoir de Rouen , reste seul à réaliser. La ville de Lyon s'est libérée, le 9 Avril, du prêt de 250 mille francs, qui eut si involontairement lieu en 1814.

Crise de la Place.

Qu'il me soit permis d'arrêter un instant votre attention sur la crise qui désole la place, et qui paroît heureusement toucher à sa fin.

La Banque, par l'intimité de ses rapports avec le commerce et avec les grandes opérations de finances, ne peut rester étrangère à aucune vicissitude, à aucune agitation ; et comme elle n'a pas échappé à tous les reproches, le Conseil général éprouve le besoin de se justifier du seul qui lui ait été adressé.

Les faits sont bien connus ; mais, pour les mieux apprécier, il convient de remonter jusques aux causes, et leur examen peut-être ne sera pas sans utilité.

Au mois de Juillet dernier, la réserve en espèces de la Banque s'élevoit à 117 millions. Le cours de la rente approchoit du prix de 80 francs ; le commerce n'éprouvoit aucune gêne. La surabon-dance de ses capitaux alloit, avec les capitaux sans emploi du Trésor, chercher des placements à la Bourse.

Cependant l'emprunt de 14 millions 600,000 francs de rentes n'étoit acquitté qu'en partie. Un autre emprunt de 24 millions de rentes alloit s'ouvrir pour le rachat de notre indépendance ; 16 millions de rentes alloient être mis de plus en émission pour la liquidation des étrangers. L'emprunt de 24 millions de rentes et les 16 millions destinés aux liquidations, représentoient un capital en argent d'environ 500 millions que la France avoit à payer à l'étranger dans l'intervalle d'une année, soit par l'exportation de ses produits, soit par l'extraction de son numéraire.

L'exportation de nos produits étoit évidemment insuffisante dans un intervalle aussi court. L'extraction d'une somme aussi considérable en numéraire auroit paralysé toute circulation.

Vers le même temps, d'autres emprunts se trouvoient simultanément ouverts par l'Autriche, la Russie, Naples et la Prusse. Chaque pays emprunteur comptoit sur les autres pays emprunteurs comme lui, et nulle part on ne songeoit que les valeurs s'avilissent nécessairement en raison de leur disproportion avec les capitaux destinés à les soutenir. Les besoins se manifestoient donc partout, et nulle part on ne s'occupoit à créer des ressources : nous dormions véritablement sur les bords de l'abîme.

Le Conseil général, contemplant ses devoirs, et les yeux fixés sur l'avenir, voyoit la tourmente s'avancer par la réduction rapide de la réserve. Du 1er. Juillet au 8 Octobre, elle descendit de 117 millions à 59 millions, et les causes qui amenoient cette réduction , ne touchoient pas encore au moment de leur plus grande activité.

Une circonstance qui ajoutoit alors à son anxiété, c'étoit le changement annoncé dans le système monétaire de l'Autriche et de l'Angleterre, et l'emprunt ouvert jusqu'au 31 Décembre par la Russie. L'extraction du numéraire par ces causes, et les paiements obligés envers les étrangers, ne faisoient que préluder à l'extraction plus désastreuse encore dont les époques alloient être déterminées à Aix-la-Chapelle. Au lieu d'opérer le paiement de 265 millions pour solde de la contribution de guerre dans l'intervalle d'une année, il fut décidé que ce paiement auroit son effet dans l'intervalle de neuf mois. Dès-lors, il n'étoit plus possible d'espérer de pouvoir maintenir une réserve en espèces à la Banque, et, ces conditions accomplies, elles opéroient forcément sa liquidation.

L'accroissement rapide de la dette publique absorboit déjà la totalité des capitaux destinés aux placements de cette nature. Le prix des *reports* indiquoit qu'il n'en restoit d'oisifs nulle part, et l'on pouvoit ainsi estimer que la réunion de tous les moyens suffisoit à peine pour soutenir le poids de la dette flottante. Combien n'alloit-il pas devenir encore plus difficile à supporter par l'émission annoncée de 40 millions de rentes !

Malgré des symptômes aussi effrayants, les opérations les plus folles furent entreprises sur les fonds publics, notamment par des étrangers, qui contractèrent à la Bourse des engagements dont il a fallu acquérir les tristes preuves, avant qu'il fût permis d'en supposer l'importance. On a vu plus tard de quels désordres elles ont été la source.

Le 15 Octobre, la réserve en espèces étoit sensiblement diminuée, et les présentations à l'escompte augmentoient en raison contraire. Le Conseil général arrêta qu'il ne seroit admis des effets qu'à l'échéance de 60 jours. Il chercha ainsi à maintenir l'équilibre entre le passif exigible et les espèces en caisse ; à donner en même temps un avertissement utile qui devoit modérer certaines spéculations, et faire renoncer à d'autres dont la conséquence étoit l'épuisement de la réserve.

La réduction des échéances est une mesure de sagesse avouée par les bons principes, et souvent justifiée par les circonstances. La réduction des sommes pouvoit avoir ses dangers, et le Conseil n'y eut pas recours. Forcé de restreindre le terme des avances, il voulut, en se ménageant les moyens de les renouveler, ne rien diminuer à l'importance des capitaux si impérieusement réclamés pour le bien public.

Vers cette époque, la Banque avoit fourni à la circulation :

130 millions contre des lettres de change de commerce de 1 à 90 jours d'échéance ;

28 millions en avances aussi au commerce pour faciliter les paiements des certificats de l'emprunt, et

52 millions en anticipation pour le paiement des rentes, dont le recouvrement devoit s'opérer par tiers en Octobre, Novembre, et le mois suivant.

Des circonstances plus heureuses ne borneront pas ainsi à 210 millions la somme des opérations qui pourront être fécondées par le crédit de la Banque ; mais le crédit ne peut se fortifier que par la sagesse, et la sagesse marche avec le temps.

Le 29 Octobre, la réserve en espèces étoit tombée à 37 millions, et le passif exigible s'élevoit à 165 millions ; les besoins d'escompte étoient cependant les mêmes, et les prélèvements en argent ne diminuoient pas. La juste confiance du public a écarté toute idée de recours en remboursement des billets ; mais cette confiance ne pouvoit-elle pas être ébranlée ? la Banque pouvoit-elle s'exposer à voir la foule assaillir ses caisses, et attendre imprudemment la disparition des moyens de la satisfaire ? le Conseil général ne le pensa pas.

La Banque de France est le pivot sur lequel roule en grande partie la circulation générale du Royaume. Le crédit commercial de la Capitale, et le crédit public lui-même ne peuvent s'asseoir solidement que sur la confiance pleine et entière dans les billets qui facilitent toutes les transactions. Toute inquiétude sur leur remboursement eût été le plus grand des malheurs. Celui-là eût été de tous, le plus irréparable, et ce n'est pas la première fois, dans de telles circonstances, que l'Administration actuelle de la Banque a eu le bonheur de nous en préserver. C'est là, Messieurs, son premier devoir ; elle ne l'oubliera jamais.

Enfin au terme le plus bas, la réserve en espèces est descendue jusqu'à 34 millions. Les billets s'élevoient encore à 108 millions, et les comptes courants pouvoient disposer de 55 millions, ce qui établissoit une proportion du quart au cinquième entre la réserve et le passif exigible de la Banque. Cette proportion délicate devenoit plus inquiétante par les prélèvements en espèces qui ne tarissoient pas, et par les besoins d'escompte manifestés à la fois et par le commerce et par l'Etat. Alors, Messieurs, le Conseil général, pour ne point compromettre le crédit de la Banque et pour continuer en même temps les secours dont personne ne pouvoit plus se passer, décida à l'unanimité qu'il ne seroit momentanément admis à l'escompte que des effets à 45 jours. Il espéroit tout de cette mesure, et cette mesure est, comme je l'ai dit, la seule qui lui ait été reprochée.

Vous avez déjà jugé, Messieurs, par la seule exposition des faits et des circonstances que je viens de rappeler, combien la justification du Conseil est facile. La diminution non interrompue de la réserve en espèces, le plaçoit dans l'alternative ou de la suspension forcée du remboursement des billets, ou au refus absolu et prochain de tout escompte, ou à la vente intempestive et difficile des rentes et des actions. Le remboursement des billets ne sauroit être mis en question; il n'y a point de sacrifice qui ne soit un devoir pour que ce remboursement soit assuré dans toutes les circonstances. Il n'y avoit donc à opter qu'entre la cessation des escomptes et la vente des rentes et des actions. Le Conseil général, pour écarter ce dernier moyen, n'eut pas même à songer à l'intérêt des Actionnaires de la Banque : il se décida par le sentiment de l'intérêt public. En effet, toute vente auroit été sans résultat, si elle n'eût pas été considérable, et une vente considérable eût été funeste, alors même qu'elle eût été possible. En s'attachant, au contraire, à la réduction des échéances pour les effets admis à l'escompte, on a évité tous les dangers, et l'on a recueilli tous les avantages. La baisse des changes sur l'étranger, que cette mesure a amenée d'une manière simple et naturelle, a imprimé aussitôt un mouvement rétro-grade aux espèces, qui, dès cette époque, ont cessé de fuir au-delà de nos frontières. Leur prompt retour a permis à la Banque de concourir sans interruption au rétablissement de la confiance, en secondant puissamment toutes les opérations commandées par le bien public. Bientôt elle a repris les escomptes à 60 jours d'échéance, et successivement jusqu'à 90 jours; et la réserve en espèces, qui n'étoit plus que de 34 millions, s'élève aujourd'hui à des proportions supérieures à tout ce que l'on peut attendre pour éprouver la plus parfaite sécurité.

Mais je le répète, en réduisant les échéances à 45 jours, pour sauver le crédit de la Banque dans un moment de péril, le Conseil général n'a jamais refusé aucun des secours qui lui étoient demandés, soit par le Commerce, soit par le Trésor royal. La preuve en résulte d'un seul fait, qu'il suffira d'énoncer. La somme des effets présentés à l'escompte ne s'est pas élevée une seule fois à la somme des crédits qui étoient préparés pour les accueillir. Du 15 Octobre au 6 Novembre, on accorda ainsi 40 millions; plus tard, dans une seule semaine, les sommes données à l'escompte se sont élevées à 60 millions. Où en serions nous si la Banque ne se fût pas maintenue dans une position à rendre de pareils services? Ne sont-ils pas une des causes qui ont agi le plus efficacement pour dissiper cette terreur qui avoit fait momentanément de la Bourse une espèce de *sauve qui peut*? Le Conseil général peut donc se rendre la justice de croire qu'il n'a point mérité le reproche qui lui a été adressé. Les hommes qui le composent sont certains qu'ils recueilleront, dans toutes les circonstances, le seul prix qu'ils mettent à leurs services : l'estime publique et l'approbation du Gouvernement.

La crise dont nous venons de vous entretenir, laissera un sou-

venir durable des marques éclatantes du dévouement et du patriotisme qui ont si honorablement distingué les banquiers et les
négociants de la Capitale, si notoirement connus pour être
étrangers aux folles opérations dont le poids menaçoit de tout
ébranler. Cette crise s'éloigne déjà heureusement de nous, au mi-
lieu de circonstances assez favorables pour n'avoir pas à en crain-
dre le retour. Les paiements aux étrangers ont cessé ; les opérations qui avoient pour objet l'extraction du numéraire ne présentent plus d'aliment à la cupidité. La réserve en espèces de la Banque, n'est plus menacée par les termes d'un traité dont l'exécu-
tion auroit amené son épuisement. Des négociations nouvelles
ont réduit la somme des rentes qui pouvoient peser trop prochainement sur le marché. La prolongation des derniers paiements
de notre rançon donnera à ces rentes, déjà réduites, le temps
suffisant pour qu'elles puissent se classer. La confiance des étrangers dans la marche du Gouvernement les décide à des placements favorables au crédit, et qui rétablissent l'équilibre de la
circulation. Enfin, le bon ordre de nos finances, la richesse de
notre sol, dont nous venons d'éprouver la fécondité, les progrès
de l'industrie, et le besoin même qu'a la France de réparer les
désastres qui sont venus fondre sur elle ; tout nous promet une
succession de circonstances plus prospères ; et la Banque qui
n'existe que pour le commerce, et qui ne peut prospérer que
par lui, présentera sans doute, dans les années qui vont suivre,
des résultats plus satisfaisants encore que ceux que j'ai eu l'honneur de vous faire connoître pour l'année qui vient de finir.

M. le Baron ROBILLARD, Censeur de la Banque de France,
a la parole pour vous rendre compte, au nom de ses Collègues,
de l'exercice de leur surveillance.

____

RAPPORT

DE MM. LES CENSEURS,

FAIT

Par M^r. ROBILLARD,

(l'un d'eux).

MESSIEURS,

Le Discours que M. le Gouverneur vient de vous faire entendre, laisse bien peu de chose à dire aux Censeurs que vous avez honorés de votre confiance. Nous sommes d'accord sur les calculs qu'il vous a présentés, et nous partageons les sentiments qu'il vous a exprimés.

La joie qu'a inspirée l'évacuation du sol français a été troublée par des embarras financiers d'autant plus grands, qu'on les avoit moins prévus. Ils ont été tels que la Banque en a éprouvé le contre-coup. Sa réserve affoiblie par des enlèvements successifs de numéraire, l'a mise dans le cas de se prémunir contre les effets d'une inquiétude qui, heureusement, n'a pas eu lieu, mais qu'il étoit sage de prévoir.

Le résultat a prouvé la sagesse des mesures qu'elle a prises; en peu de jours la réserve en espèces s'est rétablie, et l'Administration a eu la satisfaction de donner au Commerce tous les secours dont il pouvoit avoir besoin. Bientôt après, tout est rentré dans l'ordre accoutumé. En ce moment, son seul regret est de ne pouvoir employer utilement tous les moyens qui sont à sa disposition.

Le Conseil général de la Banque a dû fermer l'oreille aux critiques auxquelles elle a été en butte. La plupart annonçoient peu de connoissance de l'organisation de la Banque et des devoirs qui sont imposés à son Administration ; le premier est de veiller à la sûreté du dépôt qui lui est confié, et de ne négliger aucune précaution pour remplir le but d'utilité publique vers lequel elle doit tendre constamment, en donnant au Commerce tous les secours qu'il est en droit de réclamer d'elle. Depuis long-temps elle attend inutilement qu'un plus grand développement mette le Commerce dans le cas d'avoir de plus grands besoins.

Les fonds destinés à l'escompte n'étant pas épuisés, la Banque saisit toutes les occasions de faire des avances, quand elle y voit la sûreté qu'elle a droit d'exiger.

Les Censeurs croyent pouvoir se dispenser de repousser une erreur qu'on a cherché à répandre parmi certaines personnes : c'est que les Administrateurs trouvent un avantage personnel à l'autorité qu'ils exercent. La composition du Conseil général est telle que ce sont ses membres qui présentent le moins à l'escompte, et que, quand ils le font, ils n'y jouissent d'aucune préférence. Pour se convaincre de cette vérité, il suffit de jeter un coup-d'œil sur la manière dont procède le Comité d'escompte ; on reconnoîtra que le choix du papier qu'il admet ne connoît point de faveur personnelle.

Ainsi que M. le Gouverneur vous l'a exprimé, nous avons le desir de voir la Banque sortir de l'état provisoire sous lequel

elle existe depuis long-temps. Si cet état ne nuit pas à sa prospérité, il prive au moins la circulation, des fonds qui pourroient lui être utiles, et qu'on ne sauroit trop tôt lui rendre.

Qu'il soit permis aux Censeurs de payer leur tribut de reconnoissance au Gouvernement réparateur à qui est due la prospérité de la Banque; tous les fonds dont elle étoit privée sont
rentrés; toute liberté dans les transactions avec le Trésor lui
est rendue, et elle peut espérer de concourir à seconder les
vues paternelles d'un Souverain qui ne s'occupe que du bonheur de la France.

L'Assemblée générale a réélu M. ROBILLARD, Censeur pour
trois ans;

Elle a nommé M. ODIER, Censeur pour deux ans, en remplacement de M. Martin de Puech, démissionnaire;

Elle a réélu MM. GUITON, *Jacques* LEFEBVRE, *Scipion*
PÉRIER, Régents pour cinq ans;

Elle a nommé M. COTTIER, Régent pour un an, en remplacement de M. Goupy, décédé.

Elle a voté des remerciements au Conseil général, sur l'ensemble de l'Administration, et particulièrement sur la conduite
qu'il a tenue dans des moments difficiles, pour maintenir le
crédit des Billets.

Elle a émis un vœu unanime pour que le Conseil s'occupe
de faire cesser l'état provisoire de la Banque, en sollicitant la
loi qui doit fixer définitivement son régime.

VOYAGE

EN

ABYSSINI

EXÉCUTÉ PENDANT LES ANNÉES 1839, 1840, 1841, 1842, 1843

PAR UNE COMMISSION SCIENTIFIQUE COMPOSÉE DE